Ich bin ein Wanderer und ein
Bergsteiger, sagte er zu seinem Herzen,
ich liebe die Ebenen nicht, und es
scheint, ich kann nicht lange still
sitzen.
Und was mir nun auch noch als
Schicksal und Erlebnis komme – ein
Wandern wird darin sein und ein
Bergsteigen: man erlebt endlich nur
noch sich selber...
Wer aber meiner Art ist, der entgeht
einer solchen Stunde nicht: der Stunde,
die zu ihm redet: »Jetzo erst gehst du
deinen Weg der Größe! Gipfel und
Abgrund – das ist jetzt in eins
beschlossen".

Nietzsche, Zarathustra

Impressum:

© edition venusberg, frankfurt am main 2020
www.venusberg.de
Hans-Jürgen Döpp
Herstellung und Verlag: bod – Books on Demand GmbH,
Norderstedt
ISBN: 9-783751-980494

Martina Kügler

„Im Gipfel sehe ich den Abgrund"

- Aufzeichnungen aus der Psychiatrie –

Hg. Hans-Jürgen Döpp

- Mit einem Beitrag von Gisela Dischner -

edition venusberg

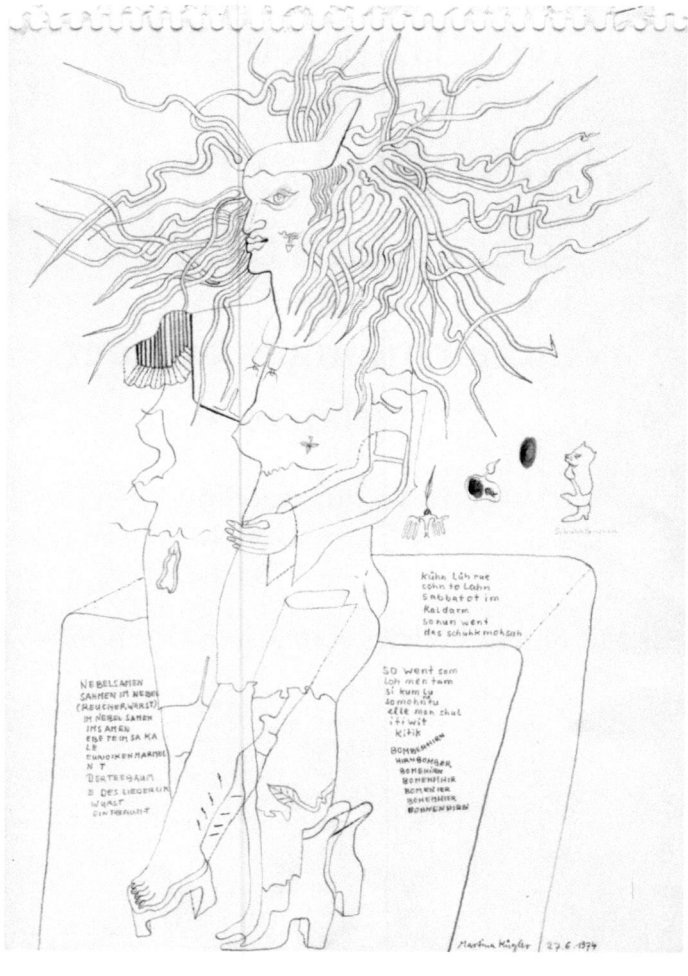

13,5x17   1974

Die weiße Maske der Trauer –

Aufzeichnungen aus der Psychiatrie

29.9.1977

Das Auge – per Wasserflasche ausgepfropft – ich halte das Auge in der Hand, wie eine kleine Apothekerflasche frisch gespült. Man kann in der Dunkelheit von Dämmer des Zimmers etwas Profil sehen – ein hohles höhnendes Loch – da im Gesicht – da die Jacke aus Kord – ehe dem als   Bild am Ständer der Schirme ganz im Dunkeln hell aufleuchtend wie aus Gips. Die Maske Gesicht von mir bläht sich nach innen – es ist schmal-schlank langsam schaukelt ein Gähnen über die Lippen – es ist Einmachzeit – süßlicher Duft in abgearbeitete Finger – so im Herbst mit Marmeladengrinsen begonnen – zwischen etwas Dunklen das Auge – es ist etwas Rundes Klitschiges neben der abgegriffenen Mundharmonika. Es geht kaum, diesen Augapfel fest in der Hand zu halten – denke, mit diesem runden Ding sehe ich – ich spiele mit dem Wunderwerk in der Hand – vergessend, daß eine dickliche Tante im Garten Himbeeren in die Schürze sammelt – lasse den Augapfel von einer Hand in die andere gleiten – halte es in der der Küche ins Licht der Glaslampe neben dem Fliegenfänger – halte es in der Küche ins Licht vor dem Totenpunkt. Loch – eine Zwiebel stinkt – eigentlich da, wo sie hingehört – ich falte das

Auge in Papier, sanft. Marmeladendämmer kommt auf neben der Zitronenkiste (Hitze) voll – nur meine Gefühle dürfen ab und zu Ausgang haben, vielleicht in eine Barockkirche des Kusses. Eine Hose, da an der Ecke erscheint mir käuflich – ich lasse den Daumen eingewickelt in Stoff in den Mund gleiten – fast ungenießbar wie das Auge auf dem Boden , es dozt etwas in der Übertreibung – ein Rauschen des Baches durchs Fenster weckt Erinnerungen an eine Brezel im Hochwasser neben dem Korbflechter – ohne Zweifel sieht der Augapfel nicht ohne mich – mühsam gequält setze ich mich in der allzu engen Hose in die Ecke, baue ein Anfang und ein Ende mit Streichhölzern und puste das Auge hin und her – denke an Seifenblasen. Verquält verzieht sich mein Gesicht, sehe auf Holzritzen neben dem Ofen mit Tannenzapfen. Ich werde das Auge nicht zertreten. Auch werde ich zum Spiel keine hellen Holzschindeln benutzen, die (unterm Ofen) lagern. das eine Auge erspäht das Schaukelpferd. Ich bewundere das Auge - Langsamer Atem kommt auf – langsam tasten sich die Finger zum Auge – die alte Nähmaschine scheint Zähne zu bekommen – daneben, schnell schließe ich die Tür und nähe eine Schallplatte zusammen an den wunden Stellen. Das Auge zwischen den zwei Fingern eile ich in die Geste eines Waschbeckens älteren Datums, wasche das Auge unter tropfenden Wasserhahn ab, lasse Rund durch den halb geöffneten Mund gleiten – beim Metzger sind zwei Schweinsköpfe, blutend aus der Nase voll Enttäuschung gut garniert ausgestellt – der eine meines Freundes, der andere von mir – auf der Straße stakst ein Kranker Runden um den Kirchplatz – in regelmäßigen Abständen fällt das Kinn – toten Auges – immer dasselbe. Ich schneide eine Grimasse im Spiegel. Zärtlich gebe ich das Auge an die Stelle im Gesicht zurück. Gerade spielt Musik langatmig. Das Auge gewöhnt sich an die Umgebung. Es war neben der Kirche, neben der Marmelade und einer ausgedrückten Tube Zahnpasta, das Auge sieht wieder richtig. Ich lache ins Dunkel. Langatmig scheint der Abend – so – wie geschafft – stopfe mir den Rest von Zitrone in den Mund – die hohle Brust in meinem Körper fängt an zu leben. Schwer bepackt mit Holz erscheint die Tante im Türrahmen. Der Korbflechter hört auf mit der Arbeit – besorgten Blickes Zigaretten rauchend und der Verrückte dreht eine Runde in Erinnerung an die duftende Brezel des Morgens...

18x24   1976

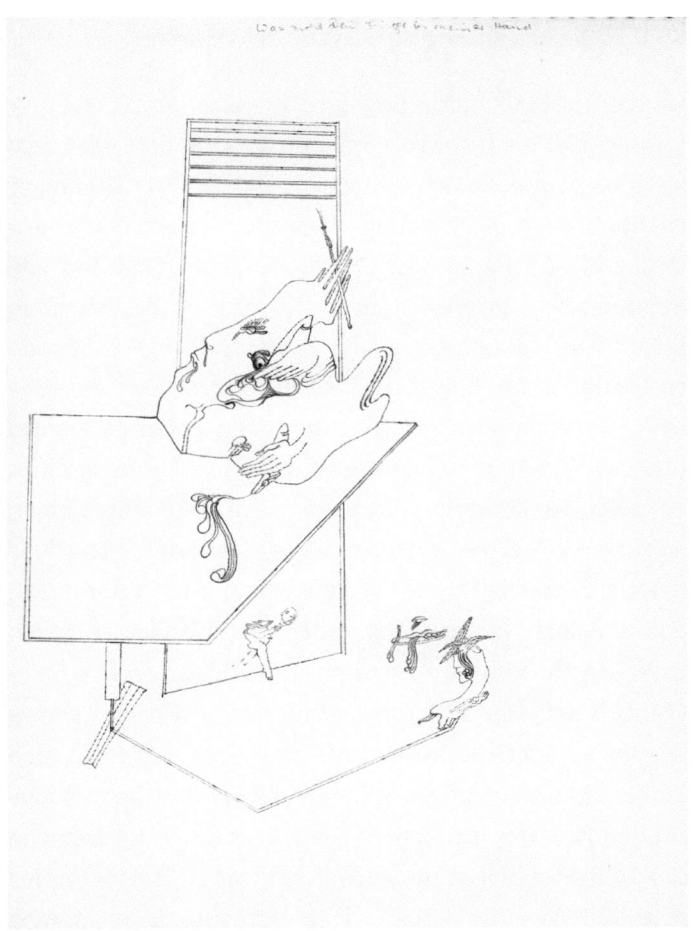

18x24   1974

30.9.77 Beschreibung der Psychose in Gießen

Mutter : Haßerfüllte Begegnung –was denkt sie vor Freude, wenn ich sterbe – bei ihr ist es dann aus bei dem bitteren Mundwinkel – sie wird sich einen Rattenfänger suchen – es scheint als bestehe sie wie ich aus dunkelblauen Ratten der Nacht.. Endlich erhaschen die Regentropfen ihren Körper ohne mich - „sie ist giftig gemein" so denkt sie – „ist doch endlich die Wunde fortgespült – ein Blutekel – ihr Lehrmeister wird die stille sein – der Nebel – traumflüsternd im Leben. Sie tötet mich im Glauben – Gestattet mir keinen Atemzug eines eigenen Gedankens – immer bespitzelt mit gelben Augen – Gefühle ersticken wie im Kartoffelsack – belauert – beklaut – ein Gasluftballon aus früherer Zeit aus Blut aus Fleisch platzt da an der Wand – es fallen Essensreste vom vorherigen Tag durch die Luft – „Mutter schreiend: Du bist eingesperrt wie ich, komm wieder": Schreck furchtbar, in Weinkrämpfe sich auflösend die Angst- im Spülen der Toilette. Die Besuche zeugen fast wie: daß ich im Gefängnis bin – die Besuche der Mutter machen mich nicht oder doch frei. Dumpfes Abgeblühtes: Aufgebläht zum Kotzen. Die Sprache zerspringt. Aufgebläht ist das Gehirn eines spindeldürren Kopfes – Ich glaube ich verliere die Zwangsliebe zu ihr, wie Porzellan scheppern auf der Erde. Sie hat mich im Mutterleib, erwürgt, erstochen, erstickt – so sind die Gedanken. Da unten sehen Sie mich als Idiot steinetöpfrig hinkend – dick – fett in die Stube eingeschlossen, abgestellt, nach Gebrauch zu benutzen- ein Idiot hinuntergedient- autoritätsgläubig untertänig – in der Straßenbahn hinter dem Zugfüher sitzend sich einschmeichelnd den Führer mit banalen Texten- sich nach irgendwohin suchen... im Prinzip bin ich nicht mehr als ein Abwaschmädchen, die tote Blume haltend das klagt über den Schmutz Mutter – Küche –dreckig Gericht haltend, in den dreckigen Spiegel- zeichnend in schmutzig, speckig, fettig mit ritzendem Nagel... Denkt Muttern in Haß so denn... ach, ich werde reiten auf einem Pferd zu einem anderen Stern für meine Liebe- ich lasse Dir den Schweif des Pferdes ins Gesicht fliegen, da Du mit Mutter ein Speil baust. Einzelne Haare des Schweifes werden tief Dein Herz treffen (hartes Herz)... komm` mit mit Deinem sinnlichen Blick, Anni! Wir reiten ins Dunkel davon, fort über die Bäume des Atems Abends, fort aus dem Käfig eingefangener Seele, - fort von der Schürze dreckig lachender Unken, im Topf sauber Sinnlichkeit, aus den gestorbenen Töpfen der Träume, Treue in Kalk verziert – fort von Treue zum Wasser – wir vermählen uns im Kinderherz angestauchter Liebe „Laib" wir befruchten uns im Glauben – aus Silbersternen fallen wir in ein Gehöpf – fort, fort, vielleicht treffen wir ein vorzügliches Weib, das uns Reste des Abendsrots gönnt in auffallender Natur. Ich dachte, die Sprache käme von Ihr, Mutter, blechern war ausverkauft, im Hass Rang spitzwinkliger

Mundwinkel – nein – nicht – kam von ihr nicht ein gräulig schepperndes Lachen meine Ohren zu bezwingen – über das ewig während Versagen. Ihre Befreiung zurück in die Arme der Jugend. Ihr Wesen verfolgt mich in Tragtaschen fußspitz flimmrig trüb? Der Streit – das Ergebnis eines zerbrochenen Schemels – Sie verfolgte mich in Laberynthe der Hitze, feuerfangend weiter wie eine Schlange.- Fort von Tentanikos blond lachender Weiber – Frühaufstehers Lockengehänge lachend mich betörend im Zucker des Honigs Sprache – alle Blonden, so scheint die Verzweiflung spielen den Triumpf aus, besser zu sein, frei zu sein, mich als schwächliche Blume betrachtend – für meine Benebelung nicht zu existieren. Ich laufe in Hitze – die Sonne im Tentanicos Mutter das Mutterbild der Sonne das Zentrum im Himmel, verblendet

verblendet sehe ich den Leib, ihren Fleiß, Ihre Jugend – ist sie doch 56 in der Realität, ihr blondes Haar, ihren damaligen Erfolg spitzer Nägel sie ist frei – mich quält der Gang der Hilfsarbeit – Ja, die Schuld in mir aus Vaters Händen – vom Krieg besessen (schlürft in mir – Schuld geboren zu sein. Siehe, der Erzeuger wird gepeinigt in mir, er wird als Hampelpuppe schwerwiegend getreten, aufgehängt unter dem Rauch des Daches. Ja, er machte mich stark – ihr Glaube an mir in ihm – hatte ich doch die freche Behauptung ein Mädchen zu sein. Hätte sie mir nicht die Fingernägel krumm gezogen, mich vom

Spiegel weggerissen – „so sollst Du nicht sein" – Ich laufe aus den Häusern, die nie Schutz zu bieten scheinen in dieser Hoffnungslosigkeit – im Brand der Lampe fort, gleichgesinnte suchend, fort, um die Pflaster vollzukreiden mit Schriften „Eltern! erkauft Euch nicht in Schwäche aus Bequemlichkeit die starke Wurzel der Jugend – die fort ins Leben wollen – blickend in Zukunft, laßt sie fort, bannt sie nicht im keuschen Herzen – zerbrecht nicht die Herzen aus Hoffnung und Zukunft! Laßt sie laufen – sich finden! – das Pflaster das voll von Schriften solcher Art ist, aber wird unter dem Schreiten über solcher Art erlischt durch Atem des Himmels als Ordnung + Sauberkeit in Leere – Es wird nie ein Mann geben für mich – brauche ich nicht die Bestätigung mehrerer? – es könnte sein, einer stirbt – wird erstickt ist käuflich. Eine Schuld wird größer als der Schatten eiens Stuhles, weil sie billig (pol. Judenvergasung) ist die Schuld – nicht, ja durch noch mehr Schuld legitimiert, also hackt den Schwachen und laßt den Starken.

Tentanikos, Himmel, ich wie im Tau-Netz im Dreieck der Sonne entgegen, dem Spitzenpunkt Straße Himmel. Die Sonne beherrbergt die Mutter – Laufe in Gottes Namen fort aus der Hölle Himmel, wollte ich nicht auch engelsgleich sein... ich lasse alte Schuhe sein, schmeiße die Kutte eines Weihrauchschwenkers fort – nach der Arbeit in der Fabrik – schäme mich vor dem Blick eines nicht existierenden Vaters (Zimmermann) ertappt zu sein, sein gütiges Lächeln ist kurz –ich will nicht die vielen Männer – schreie, laufe aus dem Haus den Bauch voll Milch in die roten Straßen aus Stein – was war – laß alles sein – nenne die Straße Flußufer – laufe über den Fuß „Straße" - will sterben unter dem Blech von Autos – der Freitod – eine Pause – eine Erholung vom giftigen Geburtstag der reich begafften Blumen sich auffressender Mutter – Tochter im Zigarettenqualm gequält langwährender Sitzpein – ausgelaufen ist das Ohr, die Nase voll Blut wie Mund – Totngräber streuen Asche hinein – es herrscht Ruhe, die Gräber rufen - es ist Nacht – starrend zur Wand – sehe ich die Augen meines Verlobten nackt in Blumenwinden – er steht über mir – sind es Grüße? Meine Grüße sind in Blumenkorsen aus Rundem erstickt in anderem Grab – ein Schnitter, aus einer Maschine stehend aus Schwarz grüßt im Dunkeln in Sachlicher Stille –es sind regelmäßig sich absetzende Geräusche – dunkel im Ton, äußerst pünktlich der Tod, der Mensch in Totengestalt aus einer Maschine – dunkel sind die Hecken in grün und dicht dunkel gewachsen an der Öffnung Hecke, die das Grabgrundstück, so groß wie ein normales Hausgrundstück erscheinen lassen, scheint der Mond sehr fahl und grünlich dunklen Anzugs ohne Mienen gleitet ein Gott mit Gemahlin am Tor Garten vorbei. Der Garten ist sicher – die Geburt der Architektur ist das Ruhende im Viereck des Grabes – morgens erwachen die Maschinengewehre, die zuck-ruckartig aus den Typen wie aus Schreibmaschinen herauswehren. Schießbares im Rhythmus von Ratatata laut, viel lauter als fingerbesessene Schreibmaschinen.

An Christa R.

18x24   1974

KLINIK Sept./Okt. 1977

Fleischmassig der Körper am Bett fixiert – besteht im Aufrucken da der Schrei „Mordkommission in der langen Halle- da, wo normalerweise die Runden zur Erholung gedreht werden, von denen die wach sind – einödig im Gang, abgegrenzt hin und her – morgens - ein Morgen voller Schreie wie von einem blind-lebendig in Verwesung begriffenen Pferdes da im Bett: „Mordkommission, ihr Mörder, ich heiße Dauer mit rauchiger Stimme" – zuckende Mundwinkel – die Schreie verfließen im Gesicht – angestrengt den Körper am Boden haltend, „ihr habt mich zerstückelt, seht da das Blut, ihr Schweine, ihr Mörder, ich heiße Dauer, habe 2 Kinder, nein, nein!" „Man hat das Feuer entfacht – hilfe – hilfe – Mordkommission" oder an die Mordkommission „Ich will die Polizei!" Schon den nackten Leib von Schwestern festgehalten, den Körper an den Armen, ein schreiendes Bündel von Mensch, nackt auf dem Boden, das Gesicht minutenschnell den Falten erlegen – da die Wirrnis. Schwestern schleifen den Körper ins Zimmer – er zappelt in Abwehr bis zur Fixierung im Weinen und Schreien. Eine Spritze gibt die Erlösung. „Stille", wie lange – bis zur Nacht? Dann gellen die Schreie wieder durchs Zimmer, durch die Halle. Das Gesicht ist einem motorisch bedenklich unruhigem wackligen Auf+Ab erlegen, ein totes Gesicht – verlebt –

festgehalten im Kartoffeldunst – Das Lächeln später fixiert sich selbst.

In Opposition zur Sonne – krachvermähltes Steinbett aus Eiche – tot dem verkalkten gehörn einer Zitterpalme – lächelnd steintrüb in die Urnen nichtgeschminkter Zeit – schneller werdend das Lächeln durch Mona Lisa, durch Anselm Feuerbachs steintrüber Fläche des Lächelns – nicht – aufgefächert fußbreit im Lächeln im Mund der Trockenheit „ave maria", Hitze, die mit Wasser erlischt – hier am Busen gehaltener Reisig grün, die kleine weiße Perle versagt sich auf Nimmerwiedersehn – dröhnt 3-stündiges Erzählen zurück an Wänden im Echolot – wie eine Spritze – und todtrüb gleitet das Gesicht wie Stein in die Probleme des realen Steintheaters, „fall nicht aus dem Steinbett", die Verkalkung ist böse, das Herz brennt und niemand ist da – es zu Erlöschen im Steinruck des Verkalkens – nicht Weinen nicht Lachen können vor der Steinfassade Gesicht im Blechspiegel – ein Flugzeug bahnt sich dumpftönend den Weg durch den Steinhimmel eine Rose leuchtet grau der Empfindung hell – still auf – der Dorn des Grabes frißt sich fest im Herz – im Steinfeuer aufgepeitscht per Zigarettenfluch – es ist ein Spinnennetz vorhanden im sonnigen Verkehr des Blattdaches Bett, flachbrüstig quält sich ein Gedanke, ein Schrei über den toten Asphalt des Denkens / verkalkte Obergardine fest sich fressend als Bild in der

Mitte, Bruch des Schwurs — eine tote Hand, die Feuer fängt während der Spritze.

Schweres Atmen — wie von einer aufgezogenen Standuhr — in Ruhe die Augen — das Gesicht auf dem Kissen — im Bett- fließend die Arme unter dem Kopf — Honig daneben mit Löffeln gegessen — abgestandener Geschmack einer Zigarette in der Mundhöhle — wild wuchert die Wäsche aus dem Weiß eines Telefonhörers.

23,5x17   1972

FRAGMENT 25.12.1977

Wichtig zur Entspannung innerhalb etwas skurril gewordener Denkformen sind leichte Gespräche über Wetter, Mode und Waldspaziergänge, Begeisterung über Fassaden und die Natur, so wird der demonstrative sich selbst verteidigende Mensch ruhig und ausgeglichen. Spaziergänge in aller Frühe, wenn noch keine Autos fahren.

Die Katholiken sind von links und die Kommunisten von rechts zu betrachten. Ich halte von Politik nicht viel, weil es die eigene Persönlichkeit schädigt durch die sich immer wiederholenden Nachrichten per Fernsehen, Rundfunk und egal welche Zeitungen. Es ist festzustellen, daß gern das Dargestellte übernommen wird ohne Kritik an den Druckereien, die es vermarkten; beim Fernsehen übt sich der Mensch durch Nachahmungstrieb, dasselbe darzustellen: Doubles. Der Mensch bekommt durch die Technik einen anderen Persönlichkeitscharakter eventuell der Nüchternheit, Sachlichkeit?

Die Verlogenheit der Lyrik und der Literatur ist ein einziger Masochismus.

Ich durfte nie an Papa denken, aber immer mußte ich ihn spielen wie auch Herrn Bankdirektor H., ich bin gegen Männer aufgehetzt und erzogen.

Die Kurzschlußreaktionen werden in der Psychiatrie selbst gefördert. Es wird mit Autorität manipuliert, wo man wirklich reale Hilfe wie z.b. Wohnungssuche, Arbeitssuche etc. nötig hätte. Z.B. frage ich nach Ausgang, was man mir verweigert. Man wird autoritär behandelt, obwohl man nur Hilfe verlangt, wie zum Beispiel mit Worten, „na dann gehe doch". Psychiater verlangsamen das reale Denkvermögen, so nennt man es draußen.

Durchs Rauchen wird Fett in Kalk verwandelt, erzeugt Telepathie, was die Psychiater schlimmerweise Schizophrenie nennen, was in Sprachstörungen ausarten kann. / absolutes Gehör in der Musik /

Lyriker sind meiste krank durch seelische Isolation. Mit Euphorie, mit der Lyrik geschrieben wird, ist schlicht die Aussage der Notklage *ohne die Not darzustellen in realistischer Manier.

*Notlage in Verkleidung der Ängstlichkeit des Stils des Schreibenden.

Psychiatrie ist in meinem Fall gegen das bürgerliche Ehrenrecht, Eherecht / von Kuppeleien mütterlicherseits habe ich die Nase voll. Psychiatrie ist gegen freien Gedankenaustausch wegen fehlendem Personal z.B. Leponex etc. ist für Knochenbrüche. Psychoanalyse in nicht freier Praxis, führt zum Todestrieb.

Ich wünsche der Mutter seelisches Lohfeuer und den Stein als Symbol gegen den magischen Blick.

Durch die Industrie und Entwicklung auf techn. Gebiet wird der Mensch als Krüppel geboren oder sein. Meine Halluzinationen bei Herrn Dr.L. in der Nachklinik: „Ich kam mir wie ein Affe auf Rädern vor, völlig verkrüppelt!" Herr Dr.L. schaute mir in der Luft zu, wie ich auf Rädern als Krüppel turnte. Fragt Ingenieure, das gilt auch Michael K.! Fragt lieber Ärzte! Die dagegen sind.

Ich habe an der Operation an mir selber teilgenommen, Gehirnoperation in der Nachtklinik bei Herrn Dr.L., mit einer Schere im Gehirn etc. Ich empfand mich als gequälten Affen an Schnüren befestigt, probierte ab und zu aus, Ball auf dem Kopf zu spielen, da ich nicht wußte, wo die Sonne ist, ob mein Kopf noch geschlossen ist. Ich haßte die Psychiater, die Eheringe trugen und im Gespräch auf ihre Frauen aufmerksam machten. Ich wurde verrückt an Herrn Dr.L. mit seinen freundlichen Augen des Trostes und des Mutes, den er mir zusprach. Aber seit ich nicht mehr arbeite, wurde ich psychotisch durch starke Halluzinationen, die in die Operation hineinreichte im Klinikum in Giessen Neuropsychiatrie. Ich hatte Herrn M. sehr lieb, aber ich war sehr eifersüchtig auf seine Frau. Der Klassenwahn, Fanatismus, Klassenbewußtsein habe ich sehr stark empfunden, da man mich abstempelte als Nutte usw. So sind Schweine von Arbeitern und Bauern, die damit einen großkotzigen Auftakt geben, *daß Ihre Ehefrauen Schweine sind, von denen sie sich lösen wollen und anzüglich auf meine Person werden. Bäckermeister, Münsterberg Helmut P.

Um mich selbst sexuell zu demütigen und mich in ihre Hausschlappen passend zu machen, das lasse ich mir nicht gefallen, außerdem fehlt es auf dem Land an gewissen höflichen Beziehungen, da ein Teil aus der Bauerngesellschaft kommt.

Außerdem kann ich mich stark erinnern, daß ich telepathisch oder imaginär gegen Geburten kämpfte, da ich unehelich bin. Die Nachtklinik liegt neben der Kinderklinik, ich wurde wahnsinnig auch an der Stätte des goldenen Todes.

Vertröstungen, daß jeder 3. krank ist, haben geholfen. Herr Dr. L. hat gesagt, und außerdem ist kein Mensch verpflichtet, Krankheiten anzugeben, die er hatte, da durch Vitalität viele Krankheiten aufgehoben werden. Vielleicht sind wir für die vorherigen Jahrhunderte krank, liebe Gisela! Wer phlegmatisch bleibt, scheint sich oft in eine Scheinwelt zu flüchten. Möchte darauf hinweisen, daß meine Mutetr für mich alles getan hat, obwohl ich noch nicht mal ein Warmwasserboiler kaufen durfte, witzig. (sie will nur das Weiche, die Mutter + nicht das Harte) aber Kleider waren schon eher möglich. Ich wurde jahrelang mit dem Begriff von „psychisch krank" gedemütigt, da Mutter überall Erkundigungen einzog, die für sie günstig oder ungünstig im Streit meines Vaters in mir + H. gegen mich gerichtet waren.

Das Kunstwerk, ein Stück Leben „in Giessen" machte mich stark im Kampf gegen mich selbst, eine Aufruhr gegen das eigene Phlegma, es führte mich nach Frankfurt, es war wie ein Sicherheitsverwahr, was überhaupt nichts nützte, ich ging fort, die weiße Maske der Trauer tragend als Findling von toten Bäumen (Menschen) bewundert.

Grünbergerstraße 3, Bleichstr.

Nie Malerei mein liebes Kind, die Hölle brennt im Wind.

Die höheren Erziehungsmethoden, der, die Schwanen (innen) methoden („Krankenschwester, wir finden unseren Beruf zum Kotzen) und Entzugsmethoden der Realität, Recht auf Freiheit der Patienten setzt nach der Entlassung bei Wohnungssuche und Geldschwierigkeiten gerade das Gegenteil der angeblich erworbenen Sitte und Heilung / Realitätsverlust innerhalb der Psychiatrie, man wird da nie selbständig, da man wie ein Kranker behandelt wird, das Essen wird einem vorgesetzt, beim Sprechen werden Spritzen und Tabletten verpaßt. Arbeit ist gegen Halluzinationen. Schreiberei gehört zur Arbeit, aber man sollte das Essen nicht vergessen. Der Realitätsverlust fängt öfter auch nach der Pension an.

Selbst das Fernsehen manipuliert mit Massenwahn, alle Arbeiter sind gestört und zufrieden mit dem Erfolg technischer Erfolge wie z.B. Erdsatellit, obwohl…

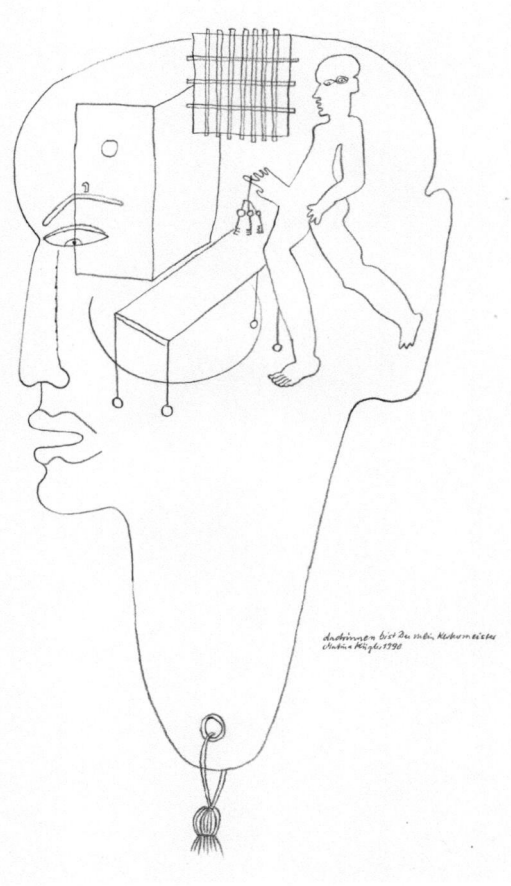

21x30   1990

15x10,5   1979

15x10,5   1979

27

25.2.1980

Ein Regenwolkenpaket,
ein Wolkenregenpaket
und doch nicht...
Ein Regenpaket – diese Idee
Scheint mir so spontan,
daß es nicht verschickt werden
darf – dieses Wolkenpaket...
Es ist eigentlich ein nicht verhangener Sommertag,---
Die letzte Wolke scheint zu schwimmen
In die Feuchte, wohin?
Ich rufe sie in meine Hände-,
sie kommt wie in ein spontanes Spiel-,
sie weint nicht in die Zeit-!
Ist sie nicht Zeit geworden?,
in die ich sie einpacke?
Es ist ein Karton aus beiger Farbe-,
wünschte ich sie nicht aus weißer Spitzenseide?-
in der ich mich verborgen vor dem eigenen Auge hüte...?
Nun, sie liegt schwebend da,
im Viereck ohne Verwundung
ein offenes, viereckig Beschattetes.---
ein geschlossenes Knäul, wie in einer Wüste der Seele,
ein verschlossenes Knäul einer Regenwolke...
ein Regenwolkenpaket könnte unter Umständen
während der Fahrt zum Bestimmungsort
auffallen, wenn es durch die Briefmarke regnet.
Es ist eine Leichtigkeit, die man verschicken könnte---,
Wenn sich die Wolke ausweint,
verhindere ich nicht ihr weinendes Beten.
Ich kann und darf sie nicht daran hindern!

Ich darf mich nicht zur Wolke erklären.
Ich kann mich danach sehnen,
daß sie heil an eine Adresse ankommt.
Auch könnte man die Post außer Acht lassen,
und das Wolkenpaket zwischen andere
Wolken im Himmel einreihen
und das Wolkenpaket mit dem dazugehörenden Wind
weiterziehen lassen.

Ich will das Wort
nicht halten
ich will es aufbauen
zerbrechen im Hain
in Blüten-mitte
im Rund von umschlossenen
Verwalten
ich will das Wort nicht sein !
es schieben in die Ecken
müde traurige Worte
ausgestoßen aus dem
Schoß wie warme Luft
zerbrochen in den Lippen.

21x30   1989

Martina Kügler

Zitate aus Gedichten 2010-2011

Wenn einer ne glatte Fläche malt
ist er
noch lang
kein Weißbinder

den Mund nicht vollnehmen
die Sprache als Wunder
man könnte sie weglassen

sag der Mutter
dass sie mir das Menschsein
verwehrt hat
das Schreiben + Sprechen + Malen

Nebelwände
die Zeit rennt mir zwischen
den Lippen davon

„Kuckuck rufts aus dem Wald"
man weiß nicht
wo der Kuckuck gerufen hat
so ist es mit der Schizophrenie
wenn man ihm hinter herläuft
verirrt man sich

in der Großstadt gibt es den
technischen Kuckuck

den reinigenden Kuckuck
den Flötenkuckuck
den Handy-Kuckuck
den Arbeitskuckuck
und den Wohnungskuckuck

Licht gibt es über + über
blondes Licht
Milchträne
der heiligen Jungfrau
anstelle Blut

der Mensch ist
ein Durchzugsgebiet

Die Uhr klopft mit
ihrem Sekundenzeiger
die Welt an

Nachzügler sind wir alle

man kann die Zeit nicht
überholen
wir haben die Zeit überlistet
vielleicht ist man früher da
mit den Kosmonauten
vielleicht früher da, als
man angekommen ist
man sollte auf dem Teppich bleiben

ich hole das Blau der Nacht
durch die Muster der Gardine

es hängt jeder Künstler
am seidenen Faden

lindern Sie Ihre Unschuld
erotischer Art

Wir stecken die Micado
Stäbchen durch die Augen
in die Traumwelten

Wir haben eine chemische Diktatur
mit den Psychopharmaka

Gedenkzettelsammelsurium
stützt das Gedächtnis
gibt Dir ein Stück von mir wieder

der Mensch ist
sehr überheblich
wenn er glaubt
dass es ein
Jenseits gibt.
Das Fantasie-Jenseits
aber muß sein

Religion ist Friedhof
ist ein schriftlicher + mündlicher Friedhof
einseitig und intolerant
in der Religion schlafen die Menschen

Gott ist ein Mörder

oder eine Hure
ein Engel kackt nicht

ich werfe die Serviette
in Form eines Liebespaares
das vögelt
bis ich sie zerknülle

ein Schoß voller Himbeeren
zwischen das Buch legen
Himbeerschoß
Schmetterlingshoden

Ich haue vor mir selbst ab.
Ich kann nicht vor mir selbst abhauen
5 Tr. Ha1dol+ 5 Tr. Promethazinneurox

Ich bin ein Bleistiftkreis
Ich bin ein Bleistiftgreis

Ich ziehe mich zurück in eine
Kugelschreibermine
und lasse schwarzblaue
Federn regnen

eine schwarze Eidechse
brät auf dem heißen Stein
sie pulsiert noch

zugeschlagenen Auges
glänzt die Mücke ihm auf der Stirn
er sei ein Zeichen des Frühlings

Die Schizophrenie ist ein
Langstreckenlauf
der abgestoppten Schwingungen

Die Schizophrenie ist unbegrenzt
weit weg wie ein endloser Bindfaden

das Solo der Waschmaschine
wäre das Geräusch eines Helikopters
hätte sie nicht
zu Ende gekräht

Luftschlösser aus Sperrmüll bauen

wir haben zwar Frühling
trotzdem
knöpfen wir uns die Hosen zu

geteerte Welt – wie's Bach gefällt
im Radio   2.8.15
ein Barch
ein Hauch   MK
von Wolligkeit – Wohllebigkeit –
ein Bach'sches Zauberreich
Radio
es pfeift nicht
auch wenn das
spurlose Telefon
nichts verbricht   zerbricht
Aber Bach ist der Sitte Radios
Sitte –
Keingebrochener
Tannenbaum
noch ein zerknisternd
eigner Traum ein Traum – der immer
im Traumhaus blieb –
und nicht die Äcker gekehrt über
das vertrocknete Blumenbeschwert
es war nicht das Schwert der
Ahnen – es ist das Flugzeug –,
Gott erbarmen!? Knotterhex
verkehrte Welt – wenn der
Sonnenstaub nicht immer
gefällt.

36

es gibt keine Imagination
nur Fußgänger   2.8.15
   Fahrradfahrer   MK
   Autofahrer   +die S+U-Bahn
   + die Nation ↗ strotzt davon
von Armeisen – wo ein kleiner
Tannenzweig über die Fantasie
geren t – ein Tannenzweig
ist mehr als Fantasie – damit
wird gebaut – glauben Sie !?
auch ein Hund hechelt – ders
Glaubens Vermächtnis
fächelt in die Musik – ob Hunde
hören – lächeln Sie ??
an der Brombeerhecke lauert
nicht der Tod – des Baumes Gemüse
im richtigen Lot – oder man
Kann vergessen – des Zaubers
Lächeln – die Brombeeren stinken
nicht – sie beschäumen das Gesicht
und die Hände gar mit dunkelsüßem
Lichtvergnügen des Gaumen =
schmedens in das Himbeerschlecken
dunkelrot die Bräune auf das
Gitternetz von Frucht + Schäume !

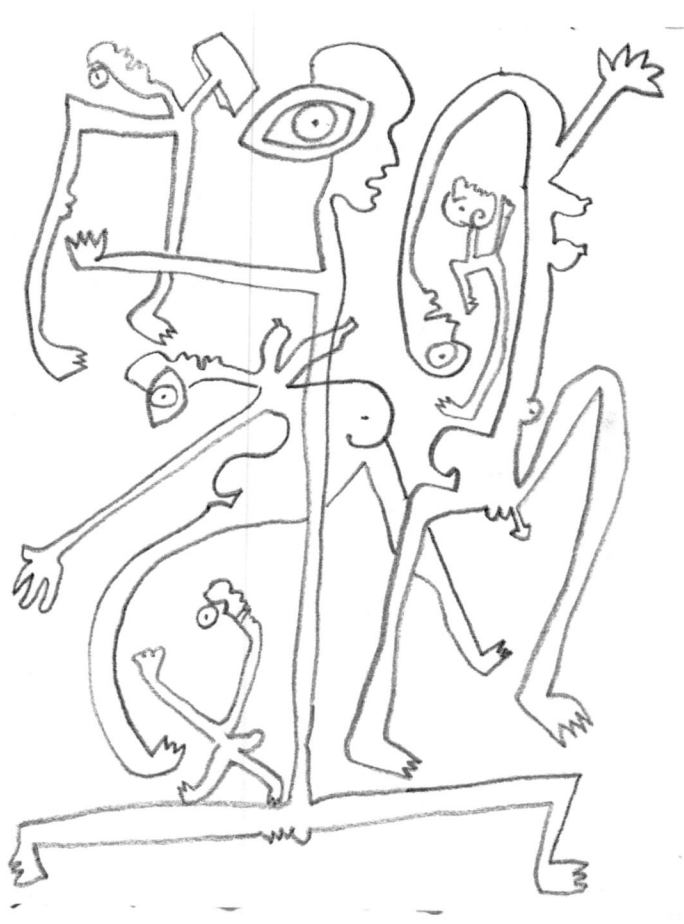

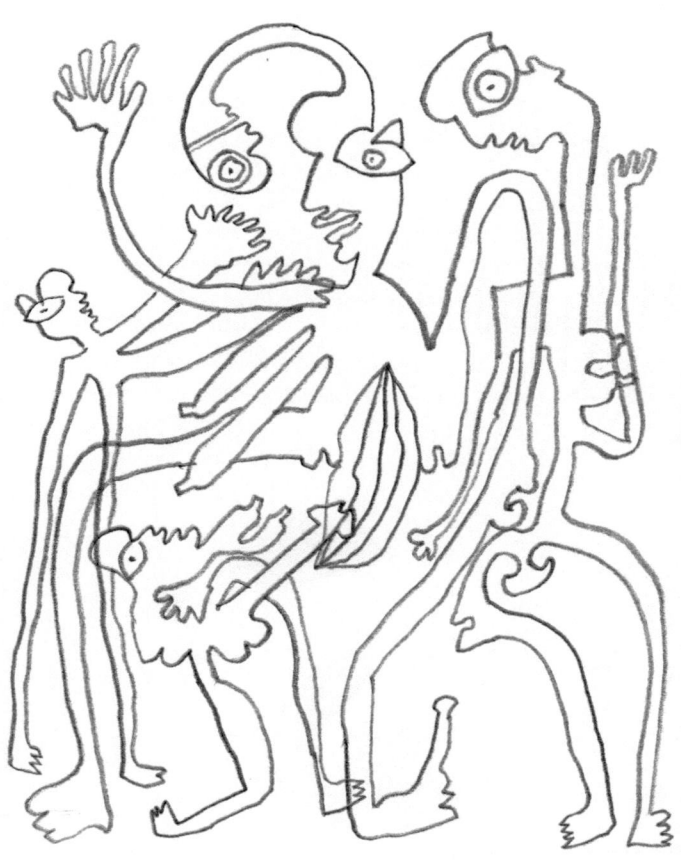

scheinheilige
Einsamkeit
mit dem Gerichtspolster
fremder Gesangestexte beflunt -
uns werden uns allen die
Zähne + nicht die Pferde ~ oder
der Mundriegel ausfallen - hebam=
menstolz — selbst die Augen werden
wir klotzend blind nennen —
die Einsamkeit gefalteter Mundriegel
mir fallen Zähne aus
obwohl man keine mehr hat —

9.10.15
MK

Die Einsamkeit - fällt
wie ein toter
Ast vom Baum!?

tritt dem Radio nicht ins Hemd –
                    noch trompetet das
Radio wie ein Elefant aus dem
Fernsehen – es leuchtet durch das
blonde Haupt des Esels – die, die
in die Röhre gucken – schläft man
mit dem Fernsehhals + Augen nicht
oder doch nicht ein – die Zitronen =
wetterbrause im einmalig gemachtem
Glas – des durchsichtigen Himmels
des Gott weiß was? – Befehle erhalten –
nicht –!
der Atheismus sind die Brotkrumen der
Erde – die dann und wann zu Sand
verkümmern – auf der wir stehen –

                              10.10.15
                                   MK

In den Leuchttürmen der
Nacht drehen sich die Lichter wie eine
göttliche Fracht – wohl nicht?! –

eine Puppe –   Du Kunst
des Segens   ist wie ein krummer
Erbrechen?   Nagel – der
oder?   zurechtgekloppt

                                        wird!

Gisela Dischner

Erinnerungen an Martina Kügler

Ich lernte Martina 1966 in Frankfurt im Club Voltaire kennen. Ich hielt dort einen Vortrag zum Thema: Schizophrenie – Erbkrankheit oder Milieuschaden? Ich hatte zu diesem Thema im Seminar bei Prof. Jürgen Habermas eine Arbeit geschrieben, die Habermas so gut gefiel, daß er mich einlud, sie zu einer Magisterarbeit zu erweitern. Ich war aber schon beschäftigt, bei Heinz Otto Burger den Entwurf zu einer Doktorarbeit über Nelly Sachs zu schreiben, der dann als Aufsatz bei Suhrkamp im Buch der Nelly Sachs 1968 erschien. („Zu den Gedichten von Nelly Sachs, S. 355 – 362. Ich erwähne dies, weil ich dadurch ein Stipendium von der Thyssen-Stiftung erhielt (also weder einen Magister- noch einen Staatsexamensabschluß machte).- Im Club Voltaire fragte mich eine ältere Dame, wer hier den Vortrag über dieses Thema halte? Als ich sagte, daß ich das sei, sah sie mich an und rief empört: „Sie junges Ding? Haben Sie überhaupt Medizin studiert?" Als ich das verneinte, wurde sie noch wütender. Ich versuchte sie zu beruhigen und sagte: Kommen Sie, ich werde an der Kasse Ihre Eintrittskarte zurückgeben, Sie müssen sich nicht meinen Vortrag anhören. Das verblüffte sie. „Doch, jetzt will ich sehen, ob ich da etwas Neues erfahre". – Als ich mit dem Vortrag begann, sah ich sie in der ersten Reihe sitzen.

Das kann ja was werden, dachte ich, an die anschließende Diskussion denkend.

Zum Publikum zählten auch Psychiater, ein Dutzend vielleicht, die weit hinten saßen, und eine junge Frau, die mich anlächelte. Das war Martina Kügler, die ich zum ersten Male sah. Ich sprach über die – noch nicht übersetzten – Studien der amerikanischen Psychiatrieforscher Bateson und andere und zitierte deren Thesen: Daß nämlich beim Kleinkind Schizophrenie entstehen könne, wenn die Mutter mit ambivalenten Gefühlen auf das Kind reagiere, das sie vielleicht gar nicht haben wollte, aber wegen des § 218 nicht wagte abzutreiben.

Da wir alle auch *symbolisch* sozialisiert sind, lernen wir, zwischen einer direkten und einer symbolischen Ebene der Sprache zu unterscheiden. Das ambivalente Verhalten einer Mutter bewegt sich zwei- oder vieldeutig zwischen diesen Ebenen. Ich erläuterte das, was heutzutage als *„double-bind theorie"* allgemein bekannt ist, damals aber in Deutschland, wo man noch mit Elektroschocks arbeitete, so gut wie unbekannt war. Ich sprach über die Verhältnisse in manchen Nervenheilanstalten, wo man zwar nicht mehr – wie zu Hölderlins Zeiten den Patienten eine *Autenriethsche Maske* aufsetzte, um sie nicht mehr schreien zu hören, sie aber mit Mitteln wie *Haloperidol* in eine gleichsam seelisch-körperliche Starre versetzte. Ich sprach dann über *antipsychiatrische* Dorfgemeinschaften in Holland und über die Anfänge antipsychiatrischer Heilanstalten und Schulen, die später zu den Versuchen führten, gestörte Menschen aus Kliniken zu entlassen und sie künstlerischen Tätigkeiten zuzuführen, also das , was heute als Mal-, Musik- und Schreibtherapie praktiziert wird.

Als ich über die menschenunwürdigen Zustände der deutschen „Heilanstalten" sprach, die sich von Irrenhäusern vor einem Jahrhundert wenig unterscheiden würden, riefen die anwesenden Nervenärzte, teils mit rotangeschwollenen Köpfen wütend: „Diffamierung, nennen Sie Namen!" Da erhob sich Martina und erzählte, wie man mit ihr in der Psychiatrie umgegangen war und ihr gesagt habe, sie solle das Malen lassen, es mache sie verrückt. Dann stand die Frau aus der ersten Reihe auf, der ich das Eintrittsgeld zurückgeben wollte, und sagte: „Ich möchte mich bei Ihnen entschuldigen. Ich bin sehr froh, von diesen Zusammenhängen zum ersten Mal zu hören". Ich brachte zum Abschluß noch ein Beispiel für die double bind-Theorie. Ein „schizophrener" Patient wird fast als geheilt entlassen, bis die Ärzte sehen, daß er jedesmal am Sekretariat im Vorübergehen anklopft und die Sekretärinnen nervt, wenn sie öffnen. Da sagt er entschuldigend: „Aber an der Tür steht doch: `Bitte anklopfen`..." Es wurde noch lange weiterdiskutiert, nachdem die Riege der Psychiater unter Protest den Raum verlassen hatte. Und ich, die ich meine Freundin, die Schriftstellerin Katja Tiel, aus einer Berliner Psychiatrie (man sperrte sie nach einem `Ausrater` in einem Lokal in eine geschlossene Abteilung) befreit hatte, holte jetzt Martina Kügler aus der Geschlossenen zurück zu ihrer Mutter; ich habe diese Mutter als sehr viel gestörter eingeschätzt als Martina. Aber sie galt als *normal*, weil sie als Bankangestellte weiter arbeitsfähig war! (Die *Pathologie der Normalität* ist in meinem *Wörterbuch des Müßiggangs* nachlesbar).

Chris und ich haben mit Martina wunderbare Ausflüge gemacht, die zu ihrer Genesung beitrugen. Sie zeichnete und malte wie besessen, als sie wieder in der Freiheit war. Sie liebte die Natur und war auch mit einer Staffelei zeitweise unterwegs. Sie begann auch zu den Zeichnungen Texte zu schreiben und dabei eine Art von Gesamtkunstwerk herzustellen.

In meinem Buch *Über die Unverständlichkeit* habe ich ihre Zeichnungen veröffentlicht, was dazu führte, daß sie in einem – wenn auch kleinen – Kreis bekannt wurde und Bilder verkaufen konnte, die in Galerien ausgestellt waren.

Prof. Gorsen, den ich in Frankfurt kennenlernte, hat sich ebenfalls für sie eingesetzt. Ich habe wunderbare Gespräch mit ihr gehabt, die mich wiederum zum

Schreiben inspirierten. Wir haben viel miteinander gelacht und uns gegenseitig befruchtet. Das Buch von *Navratil Schizophrenie und Kunst* schenkte ich ihr. Sie fühlte sich seitdem besser verstanden, sagte sie.

Martina ist Teil meiner Lebensgeschichte. Natürlich hat Martina eine „bipolare Störung" – heute würde sie *Lycium* bekommen, um ein inneres Gleichgewicht zu halten.

Gisela Dischner ist Literaturwissenschaftlerin und Schriftstellerin.

Ich werde fahren zu dem Vater
der Nächte,
Lockruf eines Vögels aus dem
Paradies wo in sich gekehrt die
Ruhe steckt wie Feuer einmal
angezündet sich vereinigt an der
Balustrade der kichernde Könige aus
dem Reich des Versiechens, Verzichtens
aus dem Reich der Rose.

Hans-Jürgen Döpp

Grabrede für Martina am 11.1.2018

Dieser Bleistift, liebe Martina, wurde in Deinen Händen zu einem allmächtigen Zauberstab: Als Künstlerin warst Du eine begnadete Zeichnerin!

Oft klagtest Du über Deine Einsamkeit. Einsam warst Du zwar, aber nicht alleine, denn eine Reihe guter Freunde war immer für Dich erreichbar. „Wer Figurenzeichnet", sagtest Du mit einmal, „dem fehle das Gegenüber." Mit Deinem Stift aber schufst Du Dir mit Deinen Figuren ein lebendiges Gegenüber; Grapheme der Einsamkeit. Doch auch wenn sie heiter zu sein schienen: stets haftete ihnen etwas Tragisches an. Mit dem Stift behauptest Du Dich gegen die Leere des weißen Blattes, schufst Dir eine Welt von Figuren, die das Gewicht der Welt von sich abgeworfen haben. Mit Deinen Gestalten hast Du Dich selber täglich neu gezeugt!

Deine Wahrnehmung war nach innen gerichtet; ein Schauen mit geschlossenen Augen. „Der Sinn für Poesie", schrieb NOVALIS, „stellt dar Undarstellbare dar. Er sieht das Unsichtbare, fühlt das Unfühlbare." Was Du bildhaft zum Ausdruck brachtest, ist schwer nur in Worte zu fassen.

Poetisch sind auch die kleinen Zeichnungen von Paul Klee, die Du liebtest. Doch während er sich stärker am

Rationalistischen orientierte, neigtest Du Dich eher dem Unbewussten zu. Was Dich wieder in seine Nähe rückt, ist aber die Ferne zur diesseitigen Welt. „Je schreckensvoller die Welt, desto abstrakter die Kunst," notierte Klee in seinem Tagebuch, „während eine glückliche Welt eine diesseitige Kunst hervorbringt". Deine Arbeiten entstiegen einer Innenschau. Dabei hast Du einen unverwechselbaren Stil gefunden.

Mit jeder Linie, die Du auf Papier zaubertest, spanntest Du Dir ein Seil, auf dem Du über den Abgründen des Lebens balanciertest. Dein Leben selbst war ein Hochseilakt, und wenn man abstürzte, dann ganz. Doch Du wahrtest – durch Deine Begabung zur Kunst - die Balance und konntest über all die Jahre das Gleichgewicht halten. Das geben auch Deine wunderbaren Collagen zu erkennen: Du bist eine meisterhafte Jongleuse der Farben und Formen, der es gelungen ist, auch die Gegensätze immer wieder zur Einheit zu bringen.

Der Zeichenstift war Dein Lebensmittel, die gezeichnete Linie Dein Lebensnerv.

Mit ihm aber holtest Du auch die Welt der Worte ins Gehäuse Deiner Einsamkeit. In Deinen Gedichten, die Du insbesondere in den letzten Jahren auf beinahe manische Weise hervorbrachtest, versammeltest Du die Worthülsen einer zersplitterten, fragmentierten Welt und ließest sie wild miteinander kopulieren, wobei die heitersten hybriden Wesen entstanden. Von Deinen Wortschöpfungen warst Du oft selbst überrascht und konntest Du Dich selbst darüber sehr amüsieren. Fern vom Weltgetümmel, hast Du Dir mit Deinem Wortgetümmel eine eigene Welt erschaffen.

In einem Text aus dem Jahre 1980 schriebst Du:

„Das Mädchen aus dem Herzen/
Die Leierblume holt.
Auch, armer Leierkastenmann/
Sag, dass es auch Blumen regnen kann"

Liebe Martina, nun hast Du selber auf stille Weise das Gewicht der Welt von Dir abgeworfen. Du wirst uns als Mensch und mit Deinem Werk unvergessen bleiben, und wir sind uns sicher, dass dort, wo Du nun bist, es auch Blumen regnen kann!

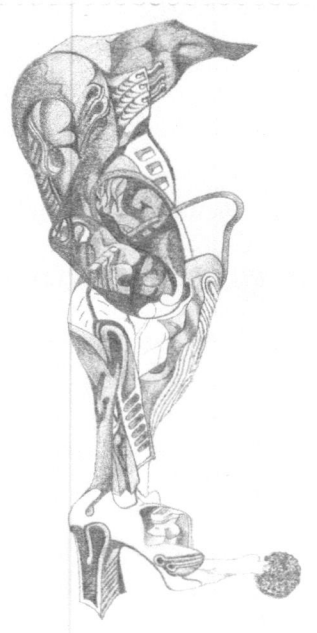

24x17   1972

Martina Kügler

Geb.1945 in Schreiberau/Schlesien

Gest. am 9.12.2017 in Frankfurt am Main

1966 – 1972 Studium an der Städelschule, Frankfurt am Main, bei
Johann Georg Geyger und Karl Bohrmann

Zahlreiche Publikationen und Ausstellungen,
sh. www.martina-kuegler.de

und

www.venusberg.de

34x48   1973